Die 40er Jahre

Ein Karlsruher Jahrzehnt in Bildern

Erich Bauer
Josef Werner

G. Braun

Fotos:

Landesbildstelle Baden, Karlsruhe:
72, 74, 75

Hermann Siebold, Karlsruhe: 14/15

Stadtarchiv Karlsruhe:
13 rechts, 23, 27–33, 43, 46/47, 58, 64,
82 unten, 110, 116, 117

alle übrigen:
Erich Bauer, Karlsruhe

G.BRAUN BUCHVERLAG

Gesamtherstellung: G. Braun Druckerei GmbH & Co. KG, Karlsruhe
Gestaltung: Robert Dreikluft

Die Deutsche Bibliothek – CIP-Einheitsaufnahme

Die **40er Jahre** : ein Karlsruher Jahrzehnt in Bildern / Erich Bauer ; Josef Werner. – Karlsruhe : Braun, 1995
ISBN 3-7650-8134-5
NE: Bauer, Erich; Werner, Josef; Die Vierziger Jahre

Schuld und Sühne, Tod, Not und neuer Anfang

Die Geschehnisse der 40er Jahre sind von so großer Unvergleichbarkeit, daß es einigen Mutes bedarf, sie in einen berichtenden Verbund zu bringen. Krieg und erste Nachkriegszeit, die Eroberung fast des gesamten europäischen Kontinents durch deutsche Truppen und der Untergang des „Tausendjährigen Reichs", angsterfüllte Bombennächte und das Erwachen aus einem Sumpf der Irrungen und Täuschungen: All dies, der Wiederbeginn demokratischer Freiheiten und erster zaghafter Wiederaufbau eingeschlossen, sind im ersten Hinsehen unverträgliche Vorgänge zweier scheinbar völlig verschiedener Epochen. Aber Leben und Geschehen nach dem Zusammenbruch von 1945 sind ja die schlüssige Folge der Jahre zuvor. Zudem sind es dieselben Menschen, die jenes und dies durchlebten, den Sieg und die Niederlage, die jubelten und weinten, die gläubig vertrauten und sich schändlich betrogen sahen, Menschen, die eigene Schuld erkennen mußten, die aber auch den Mut hatten zu einem Neubeginn.

Die Karlsruher unterschieden sich, als Hitler am 1. September 1939 den Überfall auf Polen befahl und damit den Zweiten Weltkrieg auslöste, in ihrem Vertrauen zur Führung wohl kaum von der übrigen deutschen Bevölkerung. In der badischen Landeshauptstadt, deren Wirtschaft seit dem Ende des Ersten Weltkriegs erheblich unter der Grenznähe zum „Erbfeind" Frankreich zu leiden hatte, war man zusätzlich zufrieden, daß Karlsruhe im Jahr 1936 nach der handstreichartigen Besetzung der entmilitarisierten 50-km-Zone rechts des Rheins, einer Auflage aus dem Versailler Friedensvertrag, wieder Garnison geworden war. Aber natürlich ließ sich die Bevölkerung in dem Glauben, Hitler habe mit seinem Angriff auf Polen die richtige Entscheidung getroffen, auch von anderen „Erfolgen" des NS-Regimes blenden: Vom „Anschluß" Österreichs und der Proklamation des Großdeutschen Reichs, von der – gerade noch friedlichen – Abtretung des Sudetenlandes an das Reich und der im Frühjahr 1939 erfolgten, der verblüfften deutschen Öffentlichkeit mit großem propagandistischem Aufwand als unerläßliche nationale Aufgabe erklärten Besetzung der gesamten Tschechoslowakei.

Auch eine weitgehende Beseitigung der Arbeitslosigkeit, eine spürbare Entkriminalisierung des öffentlichen Lebens oder auch „Kraft-durch-Freude"-Schiffe und -Erholungsheime für jedermann hatten in der Öffentlichkeit alles in allem eine Stimmung der Zufriedenheit mit der politischen Führung erzeugt. Nachdenkliche, die den Verlust demokratischer Freiheiten beklagten, das Verbot unerwünschter Parteien oder das Verschwinden nicht-nazistischer Zeitungen, mochten sich – auch in Erinnerung an zeitweise fast bürgerkriegsähnliche Verhältnisse während der Weimarer Republik – trösten mit der Erfahrung, daß unter dem NS-Regime immerhin „Ordnung" herrschte.

In solchem Trost lag auch, gewollt oder ungewollt, der Versuch einer Gewissensberuhigung. Vielen Karlsruhern war ja nicht verborgen geblieben, daß führende Köpfe aus dem linken politischen Lager der Stadt ins Gefängnis gesteckt, daß Geistliche wegen kritischer Bemerkungen gegenüber dem Regime zu Geldstrafen oder „Landesverweis" verurteilt oder daß Zeugen Jehovas ihres Glaubens wegen ins KZ gebracht worden waren. Vor allem lastete auf jenen, die den Vorgang nicht verdrängt hatten, die Schande, daß zahllose Karlsruher johlend Spalier gestanden hatten, als der ehemalige Staatspräsident Adam Remmele, der später ermordete Ludwig Marum und andere führende Sozialdemokraten wie auf einem Schandkarren durch die Stadt und nach dem Konzentrationslager Kislau gefahren wurden. Schließlich aber hatten sie geschwiegen zu all dem Unrecht, das ihren jüdischen Mitbürgern geschah, angefangen vom Boykott ihrer Geschäfte über Berufsverbote bis hin zum Pogrom der „Reichskristallnacht" vom November 1938 mit der Demolierung der jüdischen Geschäfte, der Zerstörung der beiden Synagogen und der Deportation aller männlichen Juden zwischen 16 und 60 Jahren nach dem KZ Dachau.

Sicher nur wenige störte es nach Kriegsbeginn, daß den Juden der Zutritt zu den öffentlichen Luftschutzkellern untersagt und daß ihnen ein nächtliches Ausgehverbot auferlegt worden war. Und die Karlsruher schwiegen auch, teils aus Gleichgültigkeit, teils aus Angst, als im Oktober 1940 fast alle noch in der Stadt lebenden Juden aus ihren Wohnungen geholt und nach Südfrankreich verschleppt wurden. Siegesfreude nach den gewonnenen Blitzkriegen gegen Polen, Norwegen und Frankreich überlagerte alles, was zu kritischem Nachdenken hätte veranlassen können.

Zur „Besinnung" kamen viele immerhin, als sich im Herbst 1941 die Todesanzeigen gefallener Soldaten in den beiden Karlsruher Zeitungen häuften und die deutschen Armeen auf ihrem „Kreuzzug" gegen den Bolschewismus von Schlamm, Kälte und wintergewohnten sibirischen Reserven gestoppt wurden. Die ablenkende Flucht in eine Welle der Hilfsbereitschaft für die Front fand ihr jähes Ende, als die gefürchteten Geschwader viermotoriger Bomber die schlimmsten Kriegsschrecken in die Stadt selbst brachten: Angst und Verzweiflung, Zerstörung und Tod. Doch auch bei und nach den schwersten Luftangriffen vom Herbst 1944, im Elend der verwüsteten Stadt und in der Trauer um die Getöteten erwies sich zupackende solidarische Hilfe stärker als Verzweiflung und eigene Not. Die NS-Propaganda wurde nicht müde, die Verbrechen der „Terrorangriffe" gegen die Zivilbevölkerung anzuprangern. Verdrängt wurde dabei die Tatsache, daß es die deutsche Luftwaffe war, die vom Herbst 1940 bis zum Sommer 1941 mit Nachtangriffen auf London, Bristol, Liverpool, Coventry und andere Städte den Krieg gegen Zivilisten begonnen hatte. Allein in der Nacht zum 10. Juli 1941 hatte ein Großangriff auf London 1212 Todesopfer und über 1800 Schwerverletzte gefordert. Und von Coventry übrig blieb außer einem Ruinenmeer der im Reichspropagandaministerium geborene bösartig-drohende Begriff des „Coventrierens", der Zerstörung à la Coventry.

Keine Frage: Die Bombenangriffe waren das Schlimmste, das Karlsruhe jemals in seiner Geschichte zu tragen hatte. Spätestens ab Dezember 1944, als die Armeen der Russen, der Angelsachsen und Franzosen schon die Reichsgrenze erreichten, hatten die Vernichtungsangriffe gegen Karlsruhe und Pforzheim, Freiburg und zahllose andere Städte – Dresden nicht zu vergessen! – keinen strategischen, kriegsverkürzenden Grund mehr. Sie konnten in ihrer Brutalität nur noch einer vermeintlichen Bestrafung derer dienen, die den Krieg vom Zaune gebrochen hatten. Seit Mitte Dezember, mit den ersten Kanonaden amerikanischer Langrohrgeschütze aus dem Elsaß, auch noch Frontstadt geworden, die sich mit Volkssturm, Schützenstellungen im Vorland und mit Barrikaden im Stadtinnern auf die Verteidigung der „Festung" vorbereitete, schien das Schicksal Karlsruhes endgültig besiegelt. Doch die Vernunft der Verantwortungsträger in der Stadt und bei der Truppe bewahrte Karlsruhe vor einem opferreichen Häuserkampf und endgültiger Zerstörung.

Am 4. April 1945, über einen Monat vor dem allgemeinen Waffenstillstand, kam für Karlsruhe das Kriegsende, die Franzosen nahmen die Stadt in ihren Besitz. Die Erleichterung über das Ende von Artilleriebeschuß, Luftalarmen und Angriffen tieffliegender Jagdbomber war groß. In den fremden Soldaten auch schon ihre Befreier zu sehen, taten sich die noch in der Stadt verbliebenen etwa 50 000 Menschen angesichts zahlreicher Gewalttätigkeiten, vor allem gegenüber Frauen, zunächst

„Was gut war, kommt wieder", versichert Schuh-Danger inmitten der Trümmer seines Geschäfts. Im Hintergrund die Ruine des Turms von St. Stephan.

schwer. Auch verbreiteter Hunger als Folge des anfänglichen Fehlens jeder Versorgung dämpfte die Stimmung. Hinzu kam die Sorge um das Schicksal von Angehörigen, die als Soldaten an einem der zusammenbrechenden Frontabschnitte standen, in Gefangenschaft geraten oder vermißt waren.

Erschüttert, im Innersten verwundet, weil man sich von den bisherigen Machthabern betrogen und mißbraucht erkannte, sahen die Menschen in den bald wieder geöffneten Kinos Bilder aus den befreiten Konzentrationslagern – Horrorszenen wie aus der Hölle. In dem gleichen Maß, in dem sich das Wissen über den Umfang der an wehrlosen Menschen begangenen Verbrechen mehrte, an den Juden vor allem, in gleichem Umfang schwand da und dort noch vorhandene Verbundenheit mit der Führung des schuldbeladenen Systems. Europa überheblich und mutwillig mit einem Krieg überzogen zu haben, der Millionen Menschen das Leben kostete, über 20 Millionen allein das russische Volk, das europäische Judentum weitgehend ausgerottet oder nach Übersee vertrieben zu haben – in Konzentrations- und Vernichtungslagern fanden nicht weniger als 950 Karlsruher Mitbürger jüdischen Glaubens den Tod – : diese bedrückende Schreckensbilanz des Krieges wurde von denkenden Menschen bald als eine nicht tilgbare deutsche Schuld erkannt.

Beklemmend war auch der Blutzoll, den der Krieg selbst der Karlsruher Bevölkerung abverlangte. 9 356 Gefallene und Vermißte waren zu beklagen, wobei 628 der Gefallenen nicht einmal das 20. Lebensjahr erreicht hatten, und 1 754 Menschen starben im Bombenhagel auf die Stadt – all diese Toten ein schreckliches Sühneopfer für Verbrechen, die in deutschem Namen geschehen waren.

Alles Sorgen galt zunächst der Erhaltung der nackten Existenz. Der Fünf-Wochen-„Vorsprung" Karlsruhes beim Machtwechsel von der nationalsozialistischen zur Militärregierung der Siegermächte hatte zur Folge, daß es zum Zeitpunkt des Waffenstillstands in Karlsruhe schon eine, wenn auch mühsam funktionierende, zivile Verwaltung gab, Lebensmittelkarten außerdem. Die Beschaffung der Lebensmittel selbst, die Unterbringung der schnell in die Stadt zurückkehrenden Ausgebombten, das Freimachen der schuttüberladenen Straßen im Stadtinnern und das Wiederingangbringen des seit den schweren Luftangriffen vom Herbst 1944 zusammengebrochenen Straßenverkehrs stellte an die neuen Männer an der Spitze der Stadt größte Anforderungen. Riesige Probleme gab es auch nach der Massenbeschlagnahme von Wohnungen durch die Besatzer, mit den über Nacht „frei" gewordenen über 10 000 Zwangsarbeitern, mit der täglich wachsenden Zahl von Flüchtlingen, später Vertriebenen, aus dem Osten und Südosten, aber auch mit verbreiteter „Verwirrung der Eigentumsverhältnisse" als Folge des anfänglichen Schwindens von Ordnung, Recht und Moral. Als die Einwohnerzahl Ende Juli 1945 schon wieder auf 110 000 geklettert war und die Versorgung weiterer Menschen unmöglich schien, erließ die amerikanische Militärregierung, die in der ersten Julihälfte die Franzosen abgelöst hatte, am 1. August einen totalen Zuzugsstopp nach Karlsruhe.

Kurze Zeit danach, Mitte September 1945, kam es zu einer für Karlsruhe folgenschweren Entscheidung. Durch Beschluß der US-Militärregierung wurde das Land Württemberg-Baden gebildet, Stuttgart als Landeshauptstadt bestimmt. In Wahrheit handelte es sich um die Gebiete der Länder Baden und Württemberg nördlich der Autobahn Karlsruhe-Stuttgart-Ulm, die sich die Amerikaner zur reibungslosen Versorgung ihrer Einheiten in Bayern gesichert hatten. Die südlichen Landesteile befanden sich unter französischer Kontrolle. Die Demarkationslinie zwischen der amerikanischen und französischen Besatzungszone brachte Karlsruhe zu all den Widrigkeiten einer innerdeutschen Grenze die verhängnisvolle Vorentscheidung des

Verlusts des Rangs der Landeshauptstadt Badens. Zwar blieb die Länderneuordnung später den Deutschen selbst vorbehalten. Aber die normative Kraft des im September 1945 Geschaffenen, verfassungswidrige Festlegungen bei der Volksbefragung über die Wiederherstellung der alten Länder sowie bewußtes Verschleppen eines vom Bundesverfassungsgericht angeordneten Volksentscheids bewirkten das endgültige Aus für Baden und für die Landeshauptstadt Karlsruhe. Ungeachtet der Gewißheit, daß das neue Land Baden-Württemberg auch von der überwiegenden Mehrheit der Badener längst „angenommen" ist und sich insgesamt bewährt hat, bleibt aus Karlsruher Sicht die bedauerliche Tatsache, daß die Bildung des Südweststaats Karlsruhes Rang und Bedeutung erheblich gemindert hat – auch dies eine direkte Folge des Hitlerschen Angriffskriegs.

Eine politische Arabeske aus den Jahren des Kampfs um Baden und um den Südweststaat: Der gebürtige Karlsruher Dr. Heinrich Köhler, seit Dezember 1946 Finanzminister des Landes Württemberg-Baden in Stuttgart, war gleichwohl lange Zeit Vorkämpfer der Selbständigkeit Badens. Er wechselte jedoch die Fronten, als bekannt wurde, daß de Gaulle die Wiederherstellung des alten Landes Baden vor allem deshalb betrieb, weil er im Tausch gegen das (französisch besetzte) Südwürttemberg das (amerikanisch besetzte) Nordbaden unter französischer Verwaltung wissen wollte, wodurch dann ganz Baden „französisch" geworden wäre . . .

Die nach den Stadtratswahlen vom Mai 1946 erstmals wieder demokratisch gebildete Rathausspitze nahm weder die wirtschaftliche Einschnürung durch die Zonengrenzen bei Malsch und Maxau, noch den sich abzeichnenden Verlust der Hauptstadtfunktion tatenlos hin. Wirtschaftsförderung kam in Mode und in Schwung, nach der Währungsreform von 1948 angetrieben und genährt von der harten D-Mark. Daneben hielt man erfolgreich Ausschau nach Behörden-„Ersatz". Nach Bildung der Bundesrepublik im Jahr 1949 waren es neben den günstigen räumlichen Angeboten (Erbgroßherzogliches und Prinz-Max-Palais) vor allem gute persönliche, auch parteipolitisch nützliche Beziehungen (zum Beispiel zwischen Bürgermeister Franz Gurk und Bundeskanzler Konrad Adenauer), die zur Ansiedlung der beiden höchsten Gerichte in Karlsruhe führten, Glanz für die ehemalige Landeshauptstadt, wenn auch kein Ersatz für Regierung und Ministerien, Residenz des Rechts statt Residenz.

Der wichtigste Impuls für einen Neubeginn nach den schweren Jahren des Zweiten Weltkriegs kam im Falle Karlsruhe jedoch aus einem anderen Bereich, der Schutträumung. Vielen, die hohlfenstrige Fassaden niederrissen, am „Rangierbahnhof" Schloßplatz Steine aus den Loren kippten oder hochbeladene Feldbahnen zum Rheinhafen steuerten, war es, als würde mit dem sichtbaren auch viel unsichtbarer Schutt auf die Halde gefahren, politische und moralische Last aus einer bitteren Zeit. Das Werk der wegen ihrer Professionalität und Effizienz allerorten bewunderten Karlsruher Trümmerbeseitigung war der entscheidende Motor für den bald nach der Währungsreform eingeleiteten, gerade auch von den zahllosen Vertriebenen mitbewirkten Wiederaufbau, nicht wenigen wohl auch für eine geistige Neubesinnung.

Krieg im Wartestand

Die 40er Jahre wurden in Wahrheit nicht an Neujahr 1940, sondern am 1. September 1939 eingeläutet. An diesem Tag überfiel Deutschland Polen, der Zweite Weltkrieg war vom Zaun gebrochen. Aber anders als bei Beginn des Ersten Weltkriegs 25 Jahre zuvor gab es auch in Karlsruhe keinen patriotischen Jubel, keinen Ansturm von Kriegsfreiwilligen, keine siegesgewissen Abschiedsparaden. Von raffinierter NS-Propaganda eingelullt und aufgeputscht zugleich, bewertete allerdings wohl die überwiegende Mehrheit der Bevölkerung den Einmarsch in Polen als zwar schwerwiegendes, aber notwendiges Ereignis zur Beseitigung der letzten Fesseln von Versailles.
Ein zumindest vorübergehend anhaltendes böses Erwachen gab es für die Karlsruher, als nach der Kriegserklärung Frankreichs und Englands vom 3. September zum Schutz vor möglichen Artillerieangriffen aus dem Elsaß nicht weniger als 55000 Frauen, Kinder und ältere Menschen in sichere Zonen Nordbadens und Württembergs verbracht wurden. Ausgenommen von der Evakuierungsaktion waren die damals noch nahezu 1000 Karlsruher Juden. Sie sollten selbst für ihre Sicherheit sorgen.
Die „Teilfreimachung" der Stadt in den Nächten vom 4. – 7. September führte im Karlsruher Hauptbahnhof, dem Ausgangspunkt der Massenflucht, zu chaotischen Verhältnissen. In Viehwagen wurden die aus den Krankenhäusern herangeschafften Schwerkranken und Frischoperierten eingeladen. Über 50 Sonderzüge wurden für das – schon im Frühjahr 1939 vorgeplante – Unternehmen eingesetzt. Von ihren unfreiwilligen Quartiergebern da und dort als "Westwallzigeuner" beschimpft, kehrten Tausende der Zwangsumgesiedelten nach Ausbleiben der befürchteten Beschießung Karlsruhes bald schon aus eigenen Stücken in die Heimat zurück. Das Weihnachtsfest feierte die überwiegende Mehrheit der Evakuierten zu Hause.
Der „Polenfeldzug" hatte nur vier Wochen gedauert. Sein für Deutschland siegreiches Ende wurde mit verordnetem Glockenläuten und achttägiger Beflaggung gefeiert. War jetzt der Friede in Sicht? Würden die Westmächte einlenken? In den stadtnahen Bunkern des Westwalls und der Maginotlinie beidseits des Rheins veranstalteten deutsche Grenadiere und französische Füsiliere inzwischen die guerre drôle, einen fast fröhlichen Nicht-Krieg. Verdunkelungsanweisungen, Lebensmittel- und Kleiderkarten, Bezugsscheine für Schuhe, Kohlen, Fahrradschläuche und vieles mehr wurden eher als unbequeme Einschränkung denn als Last empfunden. Auch der Abschuß eines französischen Aufklärungsflugzeugs über dem Rheinhafen oder die erste Ferntrauung – eine junge Karlsruherin heiratete ihren als Besatzungssoldat in Polen stehenden Bräutigam – waren im Grunde nur Randglossen einer Art Krieg im Wartestand.
Noch waren zu Beginn der 40er Jahre Markgraf Carl Wilhelms Fächer- und Friedrich Weinbrenners klassizistische Stadt intakt, keine Bombe war gefallen, kein Haus zerstört. Im Staatstheater gab es an Silvester 1939 für die Kinder das Weihnachtsmärchen „Engelchen-Bengelchen", für die Erwachsenen Ziehrers Operette „Die Landstreicher". In den Kinos hatten die Karlsruher die freie Wahl zwischen Brigitte Horney und Ewald Balser („Befreite Hände"), Benjamino Gigli („Das singende Tor"), Hans Albers („Savoy-Hotel"), Marianne Hoppe und Willy Fritsch („Kongo-Expreß") und Heinz Rühmann („Hurra, ich bin Papa"). Der Krieg schien sich auf eine bequeme Hängematte zurückgezogen zu haben.

Das Rathaus vor seiner Zerstörung und vor der Demontage der um die Jahrhundertwende von Johannes Hirt geschaffenen Bronzeplastiken „Badenia" und „Fidelitas".

Von Friedrich Weinbrenner wurden im Jahr 1814 diese beiden Wohnhäuser in der Zähringerstraße erbaut. Sie wurden im Krieg zerstört.

Am Schloßplatz.
Das Gebäude im Vordergrund, zwischen Ritter- und Herrenstraße, war Sitz des Gewerbeamtes, der Präsidialabteilung des Oberlandesgerichts sowie von Dienststellen des Innenministeriums. Dahinter der Dienstsitz der Markgräflichen Verwaltung (bis heute nicht wieder überbaut).

Die Festhalle,
1875 – 1877 von
Joseph Durm erbaut,
war über Jahrzehnte
Karlsruhes festliches
Zentrum.
Davor das von Friedrich
Moest geschaffene
Bismarckdenkmal.

So verkehrsarm war einmal das Karlstor. Links Weinbrenners Künstlerhaus, vis-à-vis das – gleichfalls Weinbrenner zugeschriebene – Weltzienhaus, rechts davor das Torhaus. Das Weltzienhaus hat den Krieg und, dank öffentlicher Proteste, die Nachkriegszeit überlebt.

HALT

Kultureller und gesellschaftlicher Mittelpunkt der Stadt war das von Heinrich Hübsch erbaute ehemalige Großherzogliche Hoftheater am Schloßplatz. Es wurde durch den Luftangriff vom 27. September 1944 zerstört.

Szene aus dem Stadtgarten, ehe auch dieser von Bomben erheblich verwüstet wurde.

„Liebes Kirchlein an den Straßen" begann das im Jahr 1812 von Max von Schenkendorf verfaßte Gedicht, eine Liebeserklärung an die Kleine Kirche in Rüppurr.

Mit dem Milchwagen unterwegs.

Zu Fuß oder per Rad: Von Autos wurden die damaligen „Altstädter" nicht bedrängt.

Altstadtromantik, die der Vergangenheit angehört.

Felsbier gibt es nicht mehr, auch nicht im „Dörfle". Die „Damen" sind geblieben . . .

Das Ende der Synagoge in der Kronenstraße. Die Kosten für den Abbruch der in der Pogromnacht vom 9./10. November 1938 zerstörten Synagoge der Israelitischen Religionsgemeinschaft wurden seitens der Stadtverwaltung der Jüdischen Gemeinde auferlegt . . .

Siegesjubel, Judenvertreibung und Skier für die Front

Das neue Jahr 1940 brauchte nicht alt zu werden, um die Karlsruher daran zu erinnern, daß sie sich, der stillschweigenden Waffenruhe am nahen Rhein zum Trotz, eben doch im Krieg befanden. Monatlich einmal gab es öffentliche Eintopfessen für das „Kriegswinterhilfswerk", und in der Straßenbahn übernahmen Frauen als Schaffnerinnen das Kommando. Schließlich aber verurteilte das Karlsruher Sondergericht, ein Gericht zur Aburteilung von „Heimtücke"-Verbrechen, im Januar 1940 einen 30jährigen Arbeiter wegen Abhörens ausländischer Sender (Straßburg und Rom) zu zwei Jahren Zuchthaus und Ehrverlust. Der den Angeklagten verteidigende Rechtsanwalt Hermann Veit, der spätere Karlsruher Oberbürgermeister, hatte es immerhin geschafft, daß die vom Staatsanwalt geforderte Freiheitsstrafe von drei Jahren um ein Drittel gemindert wurde.

Weitere Hinweise darauf, daß der seit dem Ende des Polenfeldzugs zu scheinbarer Ruhe gekommene Krieg wieder „heiß" werden könnte, waren die Anfang März 1940 erfolgte Ausgabe sogenannter Volksgasmasken an die gesamte Bevölkerung, aber auch die Demontage der den Rathauseingang flankierenden, je 40 Zentner schweren Bronzefiguren „Badenia" und „Fidelitas" samt den drei Rathaus-Giebelreliefs. Sie wurden, ebenso wie die meisten Kirchenglocken, eingeschmolzen.

Die Vorboten neuer kriegerischer Auseinandersetzungen waren verläßlich. Am 9. April begann der unter dem Decknamen „Weserübung" geplante „Norwegenfeldzug", bei dem der Kreuzer „Karlsruhe" von britischen U-Booten versenkt wurde. Zwei Soldaten fanden hierbei den Tod. Und am 10. Mai begann dann die deutsche Offensive im Westen, der sogenannte Frankreichfeldzug. Viele Karlsruher Soldaten erlebten die Kämpfe in Belgien und Frankreich bei den „109ern", dem Traditionsregiment der Stadt, dessen Gründung auf uralt-großherzogliche Zeiten zurückging.

Die nationale Hochstimmung nach Beendigung des „Blitzkriegs" im Westen erreichte in Karlsruhe am 3. Juli ihren Höhepunkt. An diesem Tag zogen aus Frankreich zurückkehrende Kampfeinheiten der Wehrmacht unter dem Jubel von Zehntausenden durch die Straßen der Stadt. Im Rausch des Sieges wurde verdrängt, daß der nur sechswöchige Feldzug vielen Familien schweres Leid gebracht hatte. Aber erst nach Kriegsende wurde bekannt, daß bei den Kämpfen im Westen nicht weniger als 517 Karlsruher Soldaten ihr Leben verloren hatten.

Das kulturelle Leben in der Stadt war vom Krieg noch auf längere Zeit hinaus nicht wesentlich beeinträchtigt. Im Frühjahr 1940 veranstaltete das Badische Staatstheater sogenannte Maifestspiele. Deren musikalischer Part stand nun unter Leitung des Anfang März zum Generalmusikdirektor ernannten Otto Matzerath, Nachfolger von Joseph Keilberth, der zum gleichen Zeitpunkt als Chefdirigent an die Deutsche Oper in Prag berufen worden war. Gastspiele bekannter Künstlerinnen und Künstler wie Erna Berger (sang in „Barbier von Sevilla") oder Carl Orff (dirigierte seine Musik zum „Sommernachtstraum"), des großen Pianisten Wilhelm Kempff oder des gefeierten Tänzers Harald Kreutzberg gaben dem kulturellen Leben der Stadt im Jahr 1940 zusätzlichen Glanz.

Dem Badischen Staatstheater, bei der Wahl der Stücke für das Schauspiel ohnehin auf dem geforderten weltanschaulichen Kurs, konnte im übrigen Mangel an Patriotismus nicht vorgeworfen werden. Am 3. Juni, wenige Wochen nach dem Norwegenfeldzug, veranstaltete die Badische Staatskapelle ein Benefizkonzert zugunsten eines neuen Kreuzers „Karlsruhe", und in Begeisterung über den Sieg im Westen wurde Wagners „Lohengrin" als Festaufführung dargeboten.

Die Karlsruher freuten sich, als am 5. Juli das seit Kriegsbeginn geschlossene Rheinstrandbad Rappenwört wiedereröffnet wurde. In den folgenden Wochen mußten mehrere hundert Karlsruher Beamte und Angestellte ihre Koffer packen: Gauleiter und Reichsstatthalter Robert Wagner, von Hitler zum Chef der Zivilverwaltung im Elsaß ernannt, beorderte ganze Kolonnen von Staats- und Parteibediensteten in die neue Gauhauptstadt Straßburg.
Umgekehrt war drei Wochen zuvor von Straßburg aus ein Befehl über den Rhein gekommen, der zum schändlichsten Vorgang in der damals 225 jährigen Karlsruher Geschichte führte. In einer Nacht- und Nebelaktion wurden insgesamt 6553 Juden aus Baden, der Pfalz und dem Saarland nach dem Interniertenlager Gurs unweit der Pyrenäen deportiert, unter ihnen 945 Karlsruher Mitbürger. Ihre Abschiebung war das letzte grausame Glied einer Kette von Demütigungen und Menschenrechtsverletzungen, denen die Juden, seit Kriegsbeginn in verstärktem Maß, ausgesetzt waren. Nur ein kleiner Teil der „evakuierten" Juden konnte von Gurs aus noch ins Ausland entkommen. Die überwiegende Mehrheit ging in Gurs und anderen südfranzösischen Lagern elend zugrunde oder wurde später nach Auschwitz deportiert und in Gaskammern umgebracht.
Von dem unerhörten Vorgang der Massenvertreibung der Juden am 22. Oktober 1940, am Tag des heiteren jüdischen Laubhüttenfestes, erschien in den Karlsruher Zeitungen kein einziges Wort. Auch ist nicht bekannt, daß das christliche Karlsruhe den Juden in den schweren Stunden ihrer Vertreibung beigestanden, geschweige denn, daß jemand protestiert hätte.
Das Jahr 1941 begann in Karlsruhe mit Schneefällen in einer Stärke, wie es sie seit langem nicht mehr gegeben hatte. Die Bevölkerung wurde zum Räum-Hilfsdienst aufgerufen in allen Fällen von Gebrechlichkeit, Krankheit oder hohem Alter der zum Schippen Verpflichteten. Gegen Ende dieses Jahres mochten sich Nachdenkliche der Schneemassen vom Jahresbeginn wie einer unheilbringenden Botschaft erinnern. Denn nun versanken die deutschen Soldaten in den Weiten Rußlands, in die sie Hitler in aberwitziger Hybris getrieben hatte, hilf- und schutzlos im Schnee. Auf einen Winterkrieg überhaupt nicht vorbereitet, erlitten Zehntausende schwere Erfrierungen. Der „Front" zu helfen, trennten sich auch die Karlsruher von Pelzmänteln und Pelzstiefeln, Strickjacken, Pulswärmern und Handschuhen. Massenweise wurden auch Skier zu den Sammelstellen gebracht, eine weitgehend nutzlose Spende, wie sich bald herausstellte.
Die Überrumpelung der Sowjetunion am 22. Juni 1941 wendete das Kriegsglück. Die großen Anfangserfolge der deutschen Armeen waren bald vergessen. Schon lange vor Stalingrad wurde offenbar, daß Hitler dem Riesenreich ebensowenig gewachsen war wie 130 Jahre vor ihm Napoleon. Der ernüchternde Widerspiegel zeitweiliger siegreicher Schlachten im Osten waren die sich häufenden Todesanzeigen gefallener Soldaten in den beiden Karlsruher Zeitungen.
Im November 1941, nach dem japanischen Überfall auf die vor Pearl Harbour liegende US-Kriegsflotte, reihten sich auch die USA in die Phalanx der Kriegsgegner ein. Was dies angesichts der materiellen Überlegenheit der Alliierten bedeutete, hätte jedem nüchtern Denkenden klar sein müssen. Auch der erste verlustreiche Bombenangriff britischer Flugzeuge vom 5. August 1941 auf Karlsruhe, bei dem 33 Mitbürger ums Leben kamen, hätte alarmierende Wirkung haben können. Aber die Bevölkerung wurde über den „großdeutschen" Rundfunk eingelullt von Meldungen über tatsächliche oder behauptete Erfolge an den Fronten, von Schlagern wie der mit Kriegsbeginn populär gewordenen „Rosamunde", dem mutmachenden „Wir fahren gegen Engelland" oder dem narkotisierenden Lied der Lilly Marleen.

Hitlerbüsten gefällig? Ein nicht unwichtiger Produktionszweig der Staatlichen Majolikamanufaktur.

Der Oberbürgermeister sammelt für das Winterhilfswerk: SA-Standartenführer Dr. Oskar Hüssy mit der Sammelbüchse.

„Dem Führer zu lieb“:
Für die Herstellung von
Waffen und Munition
war jegliches Metall
willkommen.

Während des Kriegs war es selbstverständlich, daß man sich zugunsten von Waffen von Geschirr und Hausrat aus Metall trennte.

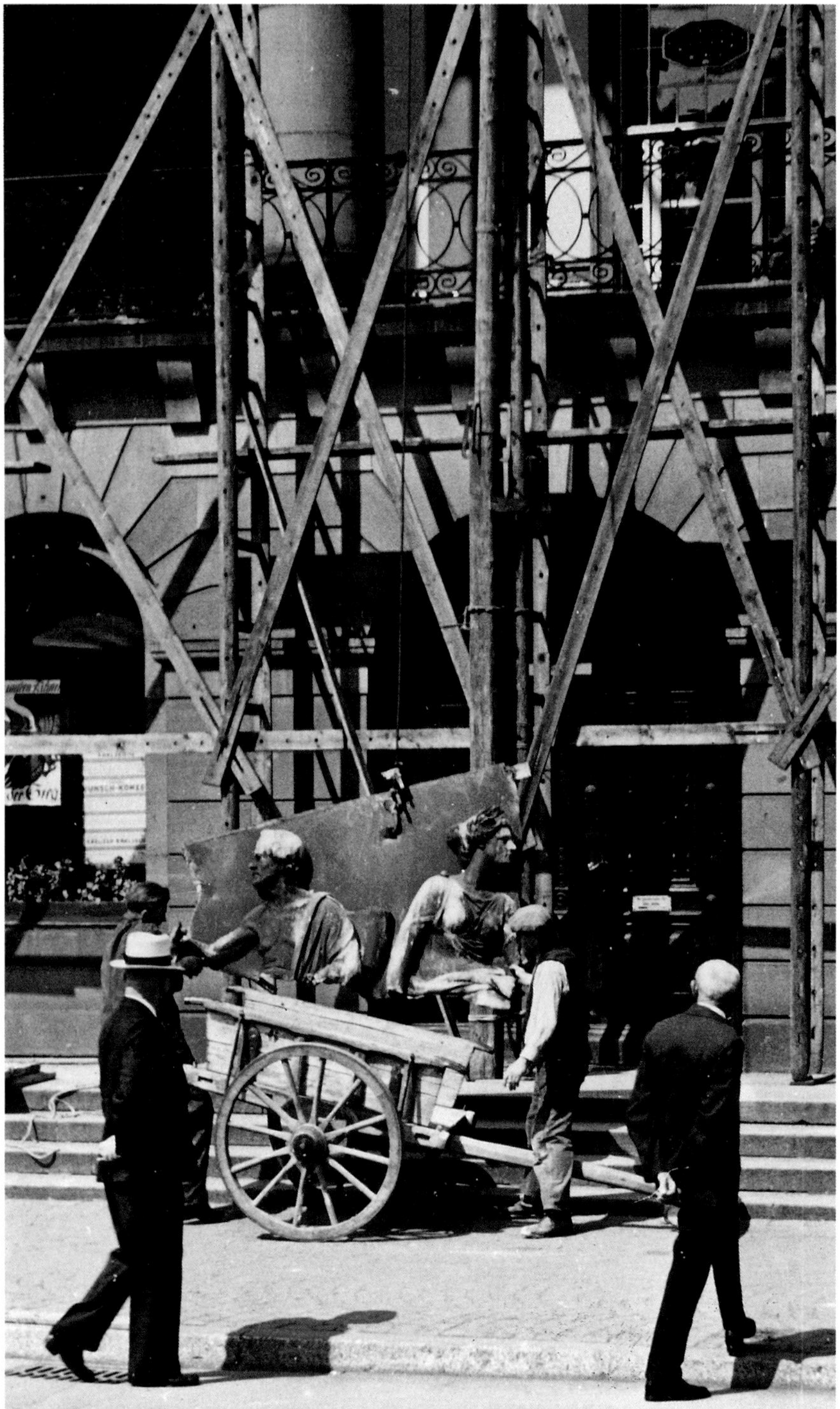

Das Ende der Gewandfiguren „Badenia“ und „Fidelitas“ vor dem Rathaus. Am 20. April 1940 wurden sowohl die beiden Bronzestandbilder beiderseits des Rathauseingangs als auch die Bronzereliefs in den drei Giebelfeldern der Marktplatzfassade entfernt und eingeschmolzen.

Die Skulpturen, Symbol badischer und städtischer Souveränität, waren, von dem Bildhauer Johannes Hirt geschaffen, im Dezember 1900 enthüllt worden. Die Giebelreliefs mit Allegorien des Handels, der Caritas und des Friedens, gleichfalls Werke von Hirt, erhielten im Jahr 1904 ihren Platz.

Über Lautsprecher kam eine „Sondermeldung". Erfolge der Wehrmacht wurden danach mit der Nationalhymne und dem Horst-Wessel-Lied gefeiert, bei denen jedermann, wie hier am Marktplatz, den „Hitlergruß" leistete.

Alle Hände voll zu tun haben die Angestellten im Städtischen Ernährungsamt am Rondellplatz, 1940.

Ko

Zehntausende säumten die Straßen, um die vom „Frankreichfeldzug" heimkehrenden Soldaten zu begrüßen. Die Begeisterung der Karlsruher Bevölkerung war echt und bedurfte keiner propagandistischen „Nachhilfe". Schließlich war Frankreich, das im über vierjährigen Ersten Weltkrieg nicht hatte niedergerungen werden können, im Frühjahr 1940 innerhalb von nur sechs Wochen besiegt worden.

ruhe grüßt die siegreichen Soldaten!

WH-248416
WH-34311

Ganz Karlsruhe war auf den Beinen, als die Soldaten am 3. Juli 1940, zehn Tage nach Beendigung des Westfeldzugs, in ihre Garnison zurückkehrten. Jubelszenen, wie die hier wiedergegebenen, sollten sich allerdings nie mehr wiederholen. Nach zunächst siegreichen Schlachten im Osten nahm der Krieg bald seinen anderen Lauf.

Appell in der Rüstungsfabrik. Vermutlich in den Werkhallen des auf Rüstungsproduktion umgestellten Industriewerks Schaerer & Co. entstanden diese Bilder.

Robert Wagner spricht. Der Gauleiter und Reichsstatthalter wurde nicht müde, die in Rüstungsbetrieben arbeitenden Werktätigen auf die für das angebliche Überleben des deutschen Volkes entscheidende Bedeutung ihrer Arbeit einzuschwören.

Vereidigung auf den „Führer".
Viele unter den jungen Soldaten des Ersatzbataillons 109, die an einem Spätherbstsonntag 1941 im Schloßgarten vereidigt wurden, haben – gefallen oder vermißt – Karlsruhe nie wieder gesehen.

Rote-Kreuz-Schwestern bringen verwundete Karlsruher Soldaten ins Lazarett.

Mit den „Christbäumen" kam der Tod

Der erste britische Luftangriff vom 5. August 1941 war von der Bevölkerung als ernste Warnung und als Vorbote weiterer todbringender Aktionen aus der Luft verstanden worden. Wiederholt wurde nun auf den Straßen aller Stadtteile die Bekämpfung von Brandbomben demonstriert. Zuversicht für den Fall neuer Angriffe sollte die Mitteilung in den Zeitungen wecken, in Karlsruhe stünden im Ernstfall 40000 „Löschmannschaften" zur Verfügung.

Im Mai 1942 wurde es notwendig, „aus kriegswirtschaftlichen Gründen" und wegen schlechter Ernten die Lebensmittelrationen zu kürzen. Gerüchte über bevorstehende weitere Einschränkungen wurden in den Zeitungen als „aus der Giftküche der englischen Agitation stammend" zurückgewiesen. Gleichzeitig aber wurde zu einem „Landarbeit-Ehrendienst" aufgerufen, zu dem Jugendliche und ältere Jahrgänge dienstverpflichtet wurden. Schon Monate zuvor, im November 1941, war der Schloßplatz im Blick auf die schwierige Ernährungslage für den Gemüseanbau freigegeben worden. Unter Baumattrappen, die die Orientierung aus der Luft erschweren sollten, entstand auf dem Schloßplatz zum Frühjahr 1942 hin eine ansehnliche Zahl von Gartenparzellen. Sie waren den Pächtern Grundlage für ein begehrtes „Zubrot" an Kartoffeln und Gemüse, das allerdings auf die Lebensmittelkarten angerechnet wurde. Weitgehend unbeachtet blieb angesichts der Alltagssorgen im Jahr 1941 eine Mitteilung, der für die spätere wirtschaftliche Entwicklung der Stadt große Bedeutung zukam: Siemens, so hieß es, habe von der Stadt „ein größeres Gelände zur späteren Auswertung" erworben. Der Stärkung der Kriegsmoral sollten Ausstellungen dienen, die mit den Themen „Kunst der Front" und „Künstler im feldgrauen Rock" in der Orangerie stattfanden.

Und dann kam, nach langen Monaten der Ruhe aus der Luft, der schwere Schlag der Nacht zum 3. September 1942. Als wollte die Royal Air Force ankündigen, daß es nun ernst würde, hatten 292 Bomber schon in der Nacht zum 29. August einen Angriff geflogen. Spätestens jetzt war klar, daß sich die Briten von den zur Simulierung der Kernstadt, des Hauptbahnhofs und des Rheinhafens in den Hardtwald bei Leopoldshafen geschlagenen Schneisen und beleuchteten Scheinanlagen nicht mehr hatten täuschen lassen. Wichtigstes Ziel bei diesem Angriff war der Rheinhafen. Der feindlichen Aufklärung war offensichtlich nicht verborgen geblieben, daß der Karlsruher Hafen verstärkt Umschlagplatz für kriegswichtige Güter geworden war. Tatsächlich hatte der Hafenumschlag im Jahr 1941 die neue Rekordmarke von drei Millionen Tonnen erreicht.

Von der tödlichen Fracht der in der Nacht zum 3. September 1942 eingesetzten 216 britischen Flugzeuge wurden vor allem die Weststadt mit dem Mühlburger Tor als „Ziel-Kerngebiet" und Mühlburg sowie die Innenstadt getroffen. Zahlreiche öffentliche Gebäude wurden teils völlig, teils schwer zerstört, unter ihnen die Christuskirche, die Gutenberg- und Lessingschule, das schöne Palais Bürklin mit der Musikhochschule und dem benachbarten Konservatorium, das alte Diakonissen- und das Vincentius-Krankenhaus, das Großherzogliche und das Markgräfliche Palais sowie das Landesgewerbeamt, vor allem aber die Landessammlungen am Friedrichsplatz und die Badische Landesbibliothek. Letztere verlor mit 365 000 Bänden 98 Prozent ihres Bestandes. Die Westendstraße mit ihren charaktervollen Bürgerhäusern brannte fast völlig nieder. 73 Tote waren zu beklagen, die bisher größte Zahl an Opfern. Nach den Ermittlungen des Karlsruher Luftkriegsexperten Erich Lackner war Karlsruhe in dieser Nacht Versuchsobjekt für die erstmalige Erpro-

bung des sogenannten Pfadfinderverfahrens, d.h. der Markierung des Zielgebiets mit sogenannten „Christbäumen" und Leuchtbomben am Boden.
Die aus dem Angriff vom 3. September 1942 gezogene Konsequenz war eine erhebliche Verstärkung der Luftabwehr rings um Karlsruhe. Im Winter 1942/43 wurden erstmals die Jahrgänge 1926 und 1927 der Karlsruher Gymnasien als Luftwaffenhelfer zu den rings um Karlsruhe stationierten Flakbatterien eingezogen. In ihren Barackenunterkünften erhielten sie täglich drei Stunden Unterricht, vorausgesetzt, daß in der Nacht zuvor keine Feuerbereitschaft befohlen war. Daß die Bürokratie auch mitten im Krieg ihr Unwesen trieb, beweist ein Erlaß des Reichsluftfahrtsministeriums. Danach konnten den bei den Flakstellungen tätigen Lehrern bei Bedürftigkeit ein Paar Schuhe ausgegeben werden, die allerdings nur während des Unterrichts getragen werden durften . . .
Erst ab dem Frühjahr 1944 – längst war inzwischen Stalingrad gefallen, Mussolini gestürzt und der halbe italienische „Stiefel" von den Alliierten besetzt – kam es zu weiteren Luftangriffen auf Karlsruhe. Die Statistik zählt zwischen April und Dezember 1944 nicht weniger als 13 „bedeutende" Angriffe aus der Luft. Verheerend war jener, den die Royal Air Force in der Nacht zum 25. April flog. Ungewollte Opfer eines Bombardements von 637 Maschinen, das zur Vernichtung der Innenstadt führen sollte, waren Rintheim und Hagsfeld sowie die Oststadt. Gewitterstürme hatten nämlich die das Zielgebiet markierenden „Christbäume" weit nach Nordosten abgetrieben. 118 Tote waren zu beklagen, in Rintheim außerdem die Zerstörung von 70 Prozent aller Häuser. Um später die zahlreichen Bomben- und Minentrichter auf dem freien Feld auffüllen zu können, mußten Feldbahnen ins Ackerland verlegt werden.
Die von den Engländern geplante Zerstörung der Innenstadt gelang dann doch bei dem Angriff vom 27. September 1944. Nach der Invasion der Alliierten in der Normandie vom Juni hatten die Amerikaner zur Störung des Nachschubs nach dem Westen bereits mehrere Tagesangriffe mit Schwerpunkt Haupt- und Rangierbahnhof geflogen. Nun aber überschütteten die Engländer die Stadt mit mehreren hunderttausend Brandbomben. In einem riesigen Feuermeer brannten praktisch alle historischen Gebäude im Zentrum nieder, angefangen vom Schloß über das Staatstheater bis zur Kunsthalle, von der Orangerie über das Ständehaus, St. Stephan und die Evangelische Stadtkirche bis zum Rathaus.
Das endgültige Aus für die Stadt kam dann am Abend des 4. Dezember. Unter der vernichtenden Wucht zahlloser Minen und Brandbomben stürzten viele Keller und ganze Häuserzeilen ein und begruben 375 Menschen. Tragödien von unbeschreibbarem Ausmaß ereigneten sich in den öffentlichen Luftschutzkellern des Gasthofs „Drei Linden" in Mühlburg und des ehemaligen „Volksfreundehauses" in der Südstadt, wo 97 bzw. 30 Menschen qualvoll zugrundegingen.
Die Stadt versank nach den Schlägen vom 27. September und 4. Dezember 1944 in Agonie. Die Straßenbahn war lahmgelegt, lediglich auf freigemachten Schienen der inneren Kaiserstraße zogen Pferde Materialtransporte – wiedererstandene Pferdebahn. Vielfach führten nur Fußpfade durch die meterhohen Trümmer. Ganze Viertel waren tage-, auch wochenlang ohne Wasser, Strom und Gas. Zu Tausenden flohen die Karlsruher aufs Land. Die Zurückbleibenden versorgten sich an Verkaufstischen auf der Straße. Die Post kam nicht mehr ins Haus. Die Zeitung aber, die man sich an Abholstellen besorgen mußte, empfahl in ihrer Notausgabe vom 8. Dezember ein „Rosenkuchen"-Rezept „ohne Ei und Fett". Und die Bevölkerung erhielt, einmalig während des gesamten Kriegs, je Kopf eine „Sonderzulage" von 50 Gramm Röstkaffee, 125 Gramm Kakao und einer halben Flasche Trinkbranntwein. „Bombenzulage" nannten die Karlsruher das gleichwohl willkommene Geschenk.

Die Weststadt brennt! Gespenstische Szene vom Luftangriff in der Nacht vom 2./3. September 1942, der vor allem die Weststadt traf, dem aber neben anderen öffentlichen Gebäuden auch das Großherzogliche und Markgräfliche Palais, die Landessammlungen und die Landesbibliothek zum Opfer fielen.
Im Hintergrund der einzigen bekannten Aufnahme, die unmittelbar nach einem der schweren Luftangriffe gemacht wurde, ist der brennende Turm der Christuskirche zu erkennen.

Schwer getroffen wurden bei dem Angriff zum 3. September 1942 neben der damaligen Westend- vor allem auch die Körnerstraße. Von der verheerenden Wirkung der Spreng- und Brandbomben zeugen diese Bilder.

Schmitt
Sofienstr. 66

Trauer, Möbellager und Mahlzeit auf der Straße: Szenen aus der Sophienstraße, die keiner Erklärung bedürfen.

Mit anderem Hausrat wurde aus dem Heim der Carl Friedrich-, Leopold- und Sophienstiftung am Kaiserplatz auch „Hitler“ in Sicherheit gebracht.

Kein Sperrmüll! Meist unter großer Gefahr retteten die Menschen aus den zerstörten Häusern einen Teil ihrer Habe.

Am Rondellplatz. Trümmerholz wurde auf Fuhrwerke gesammelt, eine ausgebombte Frau rettet Reste ihrer Wäsche, und die von Bomben verschonten Gloria-Lichtspiele laden zum Besuch des Films „Der Fall Rainer" ein.

Auch die Vororte blieben bei den zahlreichen Luftangriffen nicht verschont.

„Nur der Sieg gibt uns alles wieder!" Die Propaganda versuchte auch noch aus den schlimmsten Bildern der Zerstörung „Kapital" zu schlagen.

Hermann, Emilie und Else sind tot. Nachrichten an der Wand eines zerstörten Hauses.

Ein Teil der Opfer des Luftangriffs vom 4. Dezember 1944 wurde in einer Baracke auf dem Hauptfriedhof aufgebahrt. Die Friedhofskapelle war bei dem Angriff vom 24./25. April 1944 zerstört worden, bei dem als Folge abgetriebener „Christbäume" anstelle der Innenstadt die Oststadt, vor allem aber Rintheim und Hagsfeld schwer getroffen wurden.

In Massengräbern auf dem Mühlburger und Hauptfriedhof fanden die 375 Opfer des Angriffs vom 4. Dezember 1944 ihre letzte Ruhe.

Die „Festung" Karlsruhe kampflos geräumt

Als Konsequenz des von Goebbels im Berliner Sportpalast unter dem Jubel Tausender verkündeten „totalen Kriegs" war zum 1. September 1944 das Badische Staatstheater geschlossen worden. Zum gleichen Zeitpunkt hatte auch die „Badische Presse", eine quasi-bürgerliche, in Wahrheit gleichfalls NS-gesteuerte Karlsruher Zeitung ihr Erscheinen einstellen müssen. Jetzt gab es nur noch den „Führer", das „Hauptorgan der NSDAP Gau Baden".

Die Theater-Spielzeit 1943/44 hatte am 10. Juli mit „Figaros Hochzeit" geendet. Niemand hätte geahnt, daß das traditionsreiche, architektonisch so wohlgelungene, den Karlsruhern ans Herz gewachsene Haus an diesem Tag seine letzte Vorstellung erlebt hatte. Alle Theatermitglieder, vom Portier bis zur Koloratursängerin, wurden zum Arbeitseinsatz für die Rüstungsindustrie befohlen, überwiegend in provisorisch eingerichteten Fertigungsräumen im Theater selbst. Sogar noch in den Ruinen des dann am 27. September abgebrannten Theaters wurde einige Wochen lang eine Uniformschneiderei für die Wehrmacht unterhalten.

Der Vormarsch der Alliierten im Elsaß führte zur überstürzten Flucht der zahlreichen in Straßburg tätigen Karlsruher Beamten und Angestellten. Eine ganze Anzahl von ihnen geriet jedoch nach dem Fall Straßburgs am 23. November in französische Gefangenschaft. Zu ihnen gehörte auch der mit Planungen für die städtebauliche Neuordnung Straßburgs und mit Neubauten für die dortige Universität beschäftigte Professor Erich Schelling, dem allerdings die Flucht gelang.

Die bedrängte militärische Lage an allen Fronten hatte im Herbst 1944 zur Proklamation des sogenannten Deutschen Volkssturms geführt. Für dieses verzweifelte letzte Aufgebot (zur Verteidigung des „Heimatbodens mit allen Waffen und Mitteln") wurde in Karlsruhe zunächst ein Bataillon mit vier Kompanien rekrutiert. Die rund 600 Männer, am „Heldengedenktag" des 12. November auf dem „Platz der SA", dem Festplatz, vereidigt, wurden zwar eilig im Gebrauch von Schußwaffen und der Panzerfaust unterwiesen. Ihr Kampfwert, wie sich bald herausstellen sollte, war laut Urteil des Karlsruher „Kampfkommandanten" Generalmajor Hoßfeld jedoch „gleich null".

Der Vormarsch der Alliierten im Elsaß brachte Karlsruhe Mitte Dezember unversehens in die Reichweite amerikanischer Langrohrgeschütze. Erstmals am 16. Dezember wurde die Stadt aus dem Raum Lauterburg heraus mit großkalibrigen Artilleriegranaten beschossen. Wichtigstes Ziel war die Maxauer Rheinbrücke, deren beabsichtigte Zerstörung den in der Südpfalz stehenden deutschen Verbänden den Rückzug abschneiden sollte. Getroffen wurde jedoch in großem Umfang Knielingen, aber auch Mühlburg und Daxlanden. Die wenige Tage später parallel zur deutschen Ardennen-Offensive eingeleitete Operation „Nordwind" an der Vogesen-Elsaß-Front bewahrte Karlsruhe mit der Rückgewinnung des Großraums Lauterburg-Weißenburg für die Dauer des Winters 1944/45 vor weiteren Artillerieangriffen.

Die zu diesem Zeitpunkt noch in der Stadt verbliebenen Menschen, unter ihnen viele tausend Zwangsarbeiter und Kriegsgefangene, waren nicht nur der Qual sich ständig häufender Fliegeralarme ausgesetzt, sondern auch den Angriffen von Jagdbombern. Im Tiefflug machten diese bei guter Sicht Jagd auf alles, was sich auf der Erde bewegte.

Solch ständiger Gefahr zum Trotz wurden Kolonnen von kriegsgefangenen Russen und Polen, aber auch noch arbeitsfähige alte Karlsruher und viele Frauen zum Bau von Verteidigungsstellungen in die Felder und Wälder westlich und nördlich der Stadt gebracht. Karlsruhe war zur „Festung" erklärt worden, die es mit allen Mitteln zu verteidigen galt. Nach dem provisorischen Ausbau eines sogenannten äußeren Verteidigungsrings, der im wesentlichen aus faschinierten MG- und Schützenstellungen sowie Laufgräben bestand, wurden alle Zugänge zur Innenstadt verbarrikadiert. Mauern aus Trümmersteinen, die es ja in Massen gab, da und dort auch in die Steinwälle hineingeschobene Straßenbahnwagen, bildeten einen inneren Verteidigungsring.

Der dilettantischen Verwandlung ihrer Stadt zur „Festung" und der absehbaren Konsequenz erbitterter Kämpfe zum Trotz herrschte unter den in den Trümmern der Stadt Zurückgebliebenen an der Jahreswende 1944/45 eine erstaunliche Gelassenheit. Clemens Weis, damals Kaplan an der katholischen Zentralkirche St. Stephan, beschrieb die Stimmung gegenüber dem Verfasser so: „Keine Verzweiflung, keine Panik, kein Fatalismus. Es war eine gefaßte Ruhe. Man empfand unter den Zurückgebliebenen eine starke Zusammengehörigkeit, man half sich gegenseitig."

Keine Hilfe war möglich für den am 12. Januar 1945 wegen seiner Zugehörigkeit zum Kreis der Verschwörer des 20. Juli 1944 vom Volksgerichtshof zum Tode verurteilten Karlsruher Rechtsanwalt Reinhold Frank. Weder von diesem Urteil noch von der Hinrichtung Franks am 23. Januar erhielten seine Mitbürger Kenntnis.

Ohne Wissen der Öffentlichkeit, von ein paar Vertrauten der Leidtragenden abgesehen, vollzog sich auch die Deportation der letzten in Mittelbaden noch verbliebenen Juden, darunter 17 aus Karlsruhe. Sie wurden am 14. Februar 1945 nach Theresienstadt verbracht, überlebten jedoch dank der im Mai erfolgten Befreiung durch die russische Armee.

Im Winter 1944/45 war das „Volksopfer für Wehrmacht und Volkssturm" proklamiert worden. Wer die gewünschten Utensilien überhaupt hatte, trennte sich von Mänteln und Handschuhen, Stiefeln, Rucksäcken, Kochgeschirren, Wolldecken und Zeltbahnen. Und als ob nicht jeder um die Sinnlosigkeit der Spendenaktion für einen neuen Kreuzer „Karlsruhe" gewußt hätte, gaben die Karlsruher auch weiterhin brav ihr Scherflein für ein neues Kriegsschiff, das den Namen ihrer Stadt tragen sollte. Bis zum März 1945 kam man auf die in der Zeitung stolz gemeldete Summe von 161 047,26 RM . . .

Zu dieser Zeit war Karlsruhe endgültig Frontstadt geworden. Eine Großoffensive der Alliierten aus dem Elsaß heraus führte ab Mitte März zu fortwährendem Artilleriebeschuß von jenseits des Rheins. Die schwachen deutschen Verbände räumten in der Nacht zum 26. März ihre letzten Stellungen bei Maximiliansau. Teils am Karsamstag, dem 31. März, teils am Ostersonntag setzte die 1. Französische Armee dann bei Speyer, Germersheim und Leimersheim über den Rhein.

Noch am Gründonnerstag und Karfreitag hatte Emil Mangler, der Kulturbeauftragte der Stadt, im Haus Solms gutbesuchte, von Artillerieeinschlägen in der Stadt gestörte Konzerte veranstaltet. Und Dekan Fritz Kobe, Pfarrer der evangelischen Gemeinde Knielingen, zählte trotz vorausgegangener Evakuierung der meisten Knielinger am Ostersonntag noch 60 Kirchenbesucher.

Von Volkssturmeinheiten und Kriegsgefangenen wurden über Ostern die letzten Lücken in den Verteidigungswällen der Innenstadt geschlossen, von Pionieren eine Anzahl Brücken am Rande der Stadt gesprengt, darunter die Autobahnbrücke über die Reichsstraße 3 (heute B 3) bei Wolfartsweier. Der Ausführung von Hitlers Befehl der „verbrannten Erde", d.h. der Zerstörung aller kriegswichtigen Produktions- und Versorgungsbetriebe vor unvermeidbarem Rückzug, verweigerten sich jedoch die Verantwortlichen. Und statt die „Festung" Karlsruhe bis zuletzt zu verteidigen, zog sich die hierfür vorgesehene „Berliner Bärendivision" unter Zurücklassung schwacher Nachhuten in der Nacht zum 4. April aus ihren Stellungen am

Rhein und im Hardtwald nördlich Karlsruhe in die sogenannte „Schwarzwaldrandstellung" zurück.
Am Osterdienstag erlebte Karlsruhe den schwersten und längsten Artillerieangriff des ganzen Kriegs. Die Franzosen wollten die Stadt offenbar „sturmreif" schießen. Um sich vor dem fast pausenlosen Trommelfeuer zu schützen, verbrachten die Karlsruher diesen Tag weitgehend in den Kellern. Gleichwohl forderte der Beschuß das Leben von 26 Mitbürgern. Noch am Abend des 3. April fielen dem Gegner kampflos Neureut und Knielingen in die Hände. In der Frühe des 4. April näherten sich dann starke Infanterie- und Panzerverbände der Franzosen aus den sie verwirrenden Radialalleen des Hardtwaldes und aus Richtung Staffort – Blankenloch der Stadt. An den Barrikaden beim Mühlburger Tor, bei der Orangerie, an der Technischen Hochschule und am Ettlinger Tor hielten kleine Gruppen von Soldaten und Polizisten, Volkssturmmännern und Hitlerjungen die sich vorsichtig nähernden Franzosen kurze Zeit auf. Aber schon gegen 11 Uhr war der größte Teil der Stadt von den Franzosen besetzt, zu deren eigener Überraschung nahezu kampflos. Beim Rondell hatte der Schußwechsel auf deutscher Seite zwei Tote gefordert. Der Tod von weiteren neun Personen war überwiegend die Folge von Kurzschlußreaktionen französischer Soldaten beim „Durchkämmen" von Straßen und Häusern. So wurde beispielsweise der alte Schuhmachermeister Wilhelm Eberhard aus der Augustastraße erschossen, weil er, schwerhörig, den „Halt!"-Anruf eines Franzosen nicht gehört hatte.
Während der ersten Tage nach der Besetzung waren nicht wenige Karlsruher Übergriffen der Eroberer ausgesetzt. Nicht zuletzt unter dem Einfluß von Alkohol, der von den Franzosen erstaunlicherweise in großen Mengen vorgefunden wurde, gab es zahlreiche Fälle von Plünderungen und Vergewaltigungen. Als der katholische Stadtdekan Dr. Albert Rüde den französischen Stadtkommandanten der Ausschreitungen wegen eine Bittschrift überreichen wollte, erhielt er zur Antwort: „Wer hat in Deutschland protestiert, als Deutsche sich in Frankreich wie Barbaren benahmen und als Deutsche meine eigene Frau erwürgten?"
Die kampflose Räumung der Stadt hatte für den vermeintlich verantwortlichen neuen Karlsruher Kampfkommandanten Oberstleutnant Paul Marbach ein lebensgefährliches Nachspiel. Gegen ihn wurde ein Standgerichtsverfahren durchgeführt. Dieses fand schon am Abend des 5. April, einen Tag nach dem Fall der Stadt, auf dem Sperlingshof bei Wilferdingen statt. Der Umstand, daß sich Marbach der „Berliner Bärendivision" unterstellt hatte, sowie das Versäumnis, daß Marbach, erst seit dem 1. April Kampfkommandant, noch nicht vereidigt war, bewahrten ihn vor dem Schlimmsten. Statt seiner den „Ia" (= Generalstabsoffizier) der „Bärendivision", Oberstleutnant Ernst Linke, zur Verantwortung zu ziehen, der den Befehl zum kampflosen Rückzug seiner Division gegeben (und dadurch Karlsruhe weitere schwere Zerstörungen und vermutlich große Opfer erspart) hatte, wäre ein neues Standgerichtsverfahren erforderlich gewesen. Eine überstürzte Flucht des Standgerichts aus dem Sperlingshof vor plötzlich aufgetauchten amerikanischen Shermanpanzern und die Turbulenz in den folgenden Wochen des endgültigen militärischen Zusammenbruchs retteten Linke vor der drohenden Gefahr.
Am 7. April erhielten die Karlsruher von ihren neuen Herren striktes Ausgehverbot. Der Grund: General de Gaulle hatte sich angemeldet, und außerdem sollte die „Eroberung" der Stadt für die französische Wochenschau nachgestellt werden. Zur Simulierung vorausgegangener schwerer Kämpfe wurde eine Anzahl noch intakter Gebäude der Innenstadt in Brand gesetzt. Am Ettlinger Tor aber, ohne eines einzigen Karlsruhers ansichtig zu werden, nahm de Gaulle an diesem Tag eine Parade ab und dekorierte eine Anzahl seiner Soldaten.

Nach einem der zahlreichen Luftangriffe auf den Haupt- und Rangierbahnhof: Kriegsgefangene und Zwangsarbeiter aus Polen und Rußland bei der Instandsetzung zerstörter Gleiskörper.

In den Feuerstellungen der Flugabwehr rings um Karlsruhe wurden die Oberschüler der Karlsruher Gymnasien als sogenannte Flakhelfer eingesetzt.

Flucht aufs Land: Nach den schweren Luftangriffen vom Herbst 1944 verließen Zehntausende die Stadt.

Gespenstische Szenerie. Nach den Luftangriffen vom September und Dezember 1944 wirkte die Stadt wie ausgestorben. Die Kaiserstraße war weitgehend zerstört, der Straßenbahnverkehr zusammengebrochen.
Doch es gibt Hoffnung: Eine Frau trägt einen Karton mit Blumen, vermutlich Stiefmütterchen, nach Hause.

In den letzten Kriegsmonaten wurde Karlsruhe zur Festung erklärt. Die Zugänge zur Innenstadt wurden daraufhin – wie hier an der Technischen Hochschule – mit Mauern aus Trümmersteinen verbarrikadiert. Die verbliebenen Lücken wurden unmittelbar vor dem Näherkommen der Franzosen geschlossen.

Eine Karlsruher Volkssturmeinheit marschiert an Trümmern in der Kaiserstraße vorbei zum „Dienst".

Strohwitwer Volkssturmmann. Die meisten Frauen hatten die Stadt während der letzten Kriegsmonate verlassen.

„Kriegsrat“ einer Volkssturmgruppe. Armbinden mit der Aufschrift „Deutscher Volkssturm – Wehrmacht“ machten die Männer als Angehörige der kämpfenden Truppe kenntlich.

Karlsruhe in der Hand
der Franzosen. Am 4.
April 1945 wurde die
Stadt von der
1. Französischen Armee
nahezu kampflos ein-
genommen. Panzer in
der Karl-Friedrich-Straße
beim „Kaiserhof".

Pittoreske Szene.
Eine marokkanische Einheit marschiert unter Vorantritt ihres Maskottchens, eines Schafs, durch die Kaiserstraße zum Ettlinger Tor, wo General de Gaulle am 7. April 1945 eine Parade abnahm.

Das Ende:
Gefangenschaft.

In Viererreihen werden deutsche Soldaten und Volkssturmmänner durch die westliche Kaiserstraße in französische Gefangenschaft geführt.

Schwieriger und stürmischer Neubeginn

Die ersten Wochen nach der Besetzung Karlsruhes durch die Franzosen waren für die in der Stadt Verbliebenen oder nach und nach Zurückgekehrten voll kontrastreicher, teils bedrückender, teils abenteuerlicher Erlebnisse. Einerseits erließen die neuen Herren aus Furcht vor Werwolf-Aktivitäten eine von 18 – 9 Uhr dauernde Ausgangssperre. Andererseits waren sie damit einverstanden, daß der einheimische Bachchor schon am 10. April, nur sechs Tage nach dem Fall der Stadt, in der Markuskirche ein Konzert veranstaltete. Während sich die „Berliner Bärendivision", die Karlsruhe hätte verteidigen sollen, im Schwarzwald täglich weiter in Richtung Bodensee absetzte und die Schlacht um Berlin in vollem Gange war, hatte Karlsruhe fast so etwas wie das Ende des Kriegs gewonnen. Keine Bombenangriffe und Granateinschläge mehr erleben zu müssen, nicht einmal Fliegeralarm, war eine Wohltat. Von der Straße weg zum Arbeitsdienst in Kasernen oder sonstwo abgeführt zu werden, war ein vergleichsweise erträglicher Vorgang. So waren mehrere Dutzend „requirierte" Karlsruher tagelang damit beschäftigt, vor der Hauptpost farbige Kieselsteine zu einer rasengesäumten Trikolore zu formieren, Reverenz gegenüber dem dort residierenden Stadtkommandanten.

Teils nach nächtlichen Razzien, teils nach Aufforderung an alle männlichen Bewohner zwischen 14 und 60 Jahren, sich registrieren zu lassen, wurden alle ehemaligen Parteigenossen, derer man habhaft werden konnte, in der Knielinger Rheinkaserne interniert. 300 Karlsruher wurden in mehrtägigen Fußmärschen nach Offenburg gebracht und dort, vermutlich als Geiseln, bis lange nach Kriegsende festgehalten. Andererseits mußten sich deutsche Soldaten, die nach dem Waffenstillstand vom 8. Mai aus amerikanischer oder britischer Gefangenschaft nach Hause kamen, vorsehen, von den Franzosen nicht erneut gefangengenommen und nach Frankreich transportiert zu werden. Der legendäre „Dörflespfarrer" Hanns Löw bewahrte eine ganze Anzahl solchermaßen gefährdeter Heimkehrer, indem er ihnen durch einen befreundeten Arzt angebliche Lungentuberkulose bescheinigen ließ . . .

Zu den ersten Amtshandlungen des von den Franzosen als kommissarischer Bürgermeister eingesetzten Stadtdirektors Joseph Heinrich gehörte die Verwandlung des Lessinggymnasiums in ein Krankenhaus. Der Grund: Das Städtische Krankenhaus mußte – ebenso wie Hunderte von Wohnungen in der Weststadt – geräumt und den Besatzern überlassen werden.

Die Turbulenzen der ersten Nachkriegszeit trafen auch die neuformierte, nur mit Holzprügeln „bewaffnete" Karlsruher Polizei. Der erste von den Franzosen eingesetzte Polizeipräsident, ein ehemaliger Fremdenlegionär, wurde schon nach wenigen Wochen wegen Unredlichkeiten entlassen und inhaftiert. Zum Glück ohne Erfolg hatte er der Militärregierung den Vorschlag gemacht, die Karlsruher Jugendlichen zwischen 12 und 17 Jahren, Jungen wie Mädchen, „zwecks Umschulung" in Konzentrationslagern zusammenzufassen! Sein Nachfolger, ein ehemaliger Mitarbeiter von „Gauleiter" Wagner, wegen betrügerischen Machenschaften gleichfalls verhaftet, versuchte dem Gefängnis zu entkommen, indem er dort zunächst Schusternägel, danach einen Löffel verschluckte. Der zweite Versuch, der Haft zu entgehen, führte zum Tod.

Erst einen Monat nach der Besetzung der Stadt gab es wieder Lebensmittelkarten. Die Hoffnung, der Besatzungswechsel von den Franzosen zu den Amerikanern im Juli 1945 würde die Versorgungslage verbessern, war trügerisch. Zu Ende eben dieses Monats erreichte der Kalorienspiegel mit 623 Einheiten pro Tag seinen absoluten Tiefstand.

Den Mangel an allem wenigstens publikumsnah zu verwalten, wurde die Stadt im Mai in 16 Verwaltungsbezirke eingeteilt. Ihre Chefs hatten praktisch die Vollmacht von Bezirksbürgermeistern. Im August wurde Hermann Veit von den Amerikanern als Oberbürgermeister eingesetzt. Einen Monat später rekrutierte die neue Besatzungsmacht aus 14 Vertretern der SPD, CDU, KPD und DVP/FDP das erste Nachkriegsparlament. Alle Entscheidungen von Gewicht, auch jene des Oberbürgermeisters, bedurften allerdings der Zustimmung der Militärregierung. Dies galt für die Einrichtung von Flüchtlingslagern in der Knielinger und Artillerie-Kaserne ebenso wie für die im Oktober 1945 erfolgte Wiedereröffnung des Theaters. Mit Hoffmansthals „Jedermann" erlebte das Badische Staatstheater im notdürftig instandgesetzten Konzerthaus seine Nachkriegspremiere. Der angestaute Hunger nach Kultur war so groß, daß man im Winter gerne mit Mänteln und Decken in das ungeheizte Theater kam und zum Heizen von Proberäumen Holzscheite mitbrachte.

Ein Hauch von Normalität kehrte in die Stadt zurück, als auf einer Teilstrecke erstmals wieder die Straßenbahn fuhr und im Sommer 1945 die „Schwimm- und Sonnenbäder Durlach und Rheinhafen" wiedereröffnet wurden. Im Herbst nahmen dann, zeitweise in Gasthaussälen, die Volksschulen, im Winter mit der „Combined High School" in der Helmholtzschule das erste Gymnasium, danach auch die Karlsruher Hochschulen ihren Lehrbetrieb auf. Nie, so urteilten die damaligen Lehrer, hätten sie so aufmerksame, lernbegierige Schüler und Studenten erlebt wie die aus dem Krieg zurückgekehrten Soldaten.

Im Herbst 1945 zogen die Karlsruher in Scharen in die Wälder, um Bucheckern zu sammeln, aus denen sie etwas Öl gewinnen konnten, oder um die ihnen zugeteilten Bäume zu fällen – einziges Heizmaterial im ersten Nachkriegswinter. Bis zum Dezember 1945 war die Bevölkerung der Stadt, monatelanger Zuzugssperre zum Trotz, schon wieder auf 138000 Menschen angewachsen. Hermann Veit und die „Männer der ersten Stunde", wie man die Verantwortungsträger jener Zeit später nannte, hatten sich nicht nur um die Versorgung der Bevölkerung mit Lebensmitteln, etwas Kleidung und Heizmaterial zu kümmern. Brennende Probleme waren auch die Unterbringung der Tausende von Ausgebombten und der seit dem Herbst verstärkt hereinströmenden Flüchtlinge und Vertriebenen sowie die Beseitigung der riesigen Schuttmassen.

Um wenigstens die Hauptstraßen passierbar zu machen, hatte die Stadtverwaltung eine Arbeitsdienstpflicht für ehemalige NSDAP-Mitglieder angeordnet. Im Frühjahr 1946 proklamierte Oberbürgermeister Veit dann einen freiwilligen Ehrendienst zur Enttrümmerung der Stadt. Die Beseitigung von 1,5 Millionen Kubikmeter Schutt lag in Händen der von 35 Firmen der Baugewerksinnung gegründeten Aufräumungs-Arbeitsgemeinschaft Karlsruhe (AAK). Dieses Unternehmen, geleitet von dem späteren Oberbürgermeister Günther Klotz und dem Bauunternehmer Fritz Schäfer, begann die gewaltige Aufgabe mit großer Energie und ebensolchem Tempo. Bald lagen in allen Straßen des Stadtzentrums Schienen zum Trümmer-Transport nach dem Schloßplatz, wo der Schutt auf eine leistungsfähige dampfbetriebene Feldbahn umgeladen und zur Gewinnung von Industriegelände nach dem Rheinhafen gefahren wurde.

Keine Frage: Die Verwandlung der Innenstadt in eine Riesenbaustelle mit ratternden Preßlufthämmern und niederstürzenden Fassaden, dem sie lärmend durchziehenden „Trümmerexpreß" und den ersten provisorischen Läden auf freigemachten Grundstücken war für die Bevölkerung nicht nur ein faszinierendes Schauspiel: Es war auch ein Erlebnis, aus dem Hoffnung auf bald kommende bessere Zeiten erwuchs.

Hier stand einmal einer
der Behördenbauten am
Schloßplatz.

„Rangierbahnhof“ Schloßplatz. Die Trümmer der Innenstadt wurden hier von Kipploren über Rutschen auf die Loren einer Feldbahn umgeladen und zur Auffüllung von künftigem Industriegelände nach dem Rheinhafen gebracht.

An der Kreuzung Kaiser- und Waldstraße wird ein Bombenkrater aufgefüllt. Im Hintergrund das teilzerstörte Jugendstilbauwerk der Hofapotheke (in dem sich nach der Jahrhundertwende Karlsruhes erstes „Automatenrestaurant" befand).

Szene von der legendären Karlsruher Trümmerbeseitigung. Der „Schuttexpreß", eine Feldbahn mit dampfbetriebener Lokomotive und zahlreichen Loren, schafft die Trümmer aus der Kaiserstraße.

Weinstube

Für die Männer der Aufräumungs-Arbeitsgemeinschaft Karlsruhe (AAK) gibt es Erbsensuppe aus der Gemeinschaftsküche.

„Volkswagen 1946".

Szenerie der Kaiserstraße zwischen Marktplatz und Kreuzstraße während der Aufräumungsarbeiten. Selbst für Fußgänger war kaum noch ein Durchkommen möglich.

Winter 1946/47: Während sich Männer der Schutträumung an einem Ofen wärmen, hat Junker & Ruh „wegen Kohlen- und Materialmangel bis auf weiteres geschlossen".

Trümmer-Backsteine, von Arbeitskommandos sorgfältig gesäubert, waren in den ersten Nachkriegsjahren ein wertvolles Baumaterial.

Günther Klotz, (zweiter v.r.) der spätere Oberbürgermeister, und Fritz Schäfer (links hinter Klotz) waren die erfolgreichen Chefs der Karlsruher Trümmerbeseitigung.

Auf Förderbändern wird der Schutt aus der Tiefe der Grundstücke zur Straße gebracht.
Im Hintergrund die Deutsche Bank an der Kaiserstraße.

An der Nordseite des Marktplatzes war kein Stein auf dem anderen geblieben.

Aufräumarbeiten am Marktplatz.
Vom Rathaus standen nach dem Angriff vom 27. September 1944 immerhin noch die Fassaden.

Schienen im Innern
der Evangelischen Stadt-
kirche.

Die Sandsteinsäulen im Portikus von Weinbrenners Evangelischer Stadtkirche hatten Bomben und Feuer standgehalten.

Für die Bevölkerung war die Trümmerbeseitigung ein immer wieder interessiert beobachtetes Schauspiel.
Links die Ruine des „Silbernen Ankers", eines – in der Nachkriegszeit verloren gegangenen – Lokals in der östlichen Kaiserstraße.

Auch in Karlsruhe gab es „Trümmerfrauen".

Der „Schuttexpreß" auf dem Weg zum Rheinhafen. Sein Weg führte mitten durch die Ruine der Orangerie.

Trümmerberg Schmiederplatz. Hierher wurde mit Pferde- und Lastkraftwagen der Schutt aus der Süd- und Südweststadt gebracht und danach mit Feldbahnen weggeschafft.

Szenerie an der Ruine des ehemaligen Hoftheaters am Schloßplatz.

Spektakulärer Zusammenstoß zwischen einer Feldbahn-Lokomotive und einem Langholztransporter.

Trümmerschlucht im Zirkel.

„Mitläufer", „via miserabilis" und doppelte Sommerzeit

Das rasche Ingangkommen der wegen ihres Erfolgs bald allenthalben bewunderten Karlsruher Trümmerbeseitigung war eine der herausragenden Leistungen der nur knapp eineinhalbjährigen Amtszeit von Oberbürgermeister Hermann Veit. Obschon die CDU im Mai 1946 aus der ersten freien Gemeinderatswahl seit 16 Jahren als Siegerin hervorgegangen war, wurde das SPD-Mitglied Veit vom Gemeindeparlament in seinem Amt bestätigt. Zu Bürgermeistern wählten die Stadträte den Christdemokraten Fridolin Heurich und den Kommunisten Berthold Riedinger. Veit machte aber schon im Januar 1947 seinem Parteifreund Friedrich Töpper Platz. Er war als Wirtschaftsminister und stellvertretender Ministerpräsident in die Regierung des Landes Württemberg-Baden (= Nordwürttemberg - Nordbaden) berufen worden, ein Amt, das er dann 14 lange Jahre innehatte.

Im neuen Land, einer Kreation der Amerikaner als Folge der Besatzungsabgrenzung zu den Franzosen im Süden Badens und Württembergs, war Karlsruhe buchstäblich in einen „toten Winkel" geraten. Nur mit Passierschein konnte man über die nahe Zonengrenze bei Frauenalb, Malsch oder Maxau in das französische Hoheitsgebiet kommen. Nicht nur Besuchsreisen über die Zonengrenzen hinweg waren von bürokratischen Hemmnissen behindert. Auch der Warenaustausch sank auf ein Minimum. Dies gerade auch zum Nachteil der Karlsruher Wirtschaft und ihrer Bewohner, die ihr traditionelles Hinterland verloren hatten. Die düstere, fast hoffnungslose Lage erhellten notdürftig Industrieansiedlungen wie jene der Arzneimittelfabrik Willmar Schwabe und des ehedem Stettiner Stahlbauunternehmens Gollnow. Große Erwartungen verbanden sich allerdings mit der Planung eines Werks für Radiotechnik, womit Siemens sein im Krieg gegebenes Versprechen einzulösen begann.

In Veits „Karlsruher" Zeit fiel noch der Beginn der „Entnazifizierung", einer am grünen (amerikanischen) Tisch ausgedachten, quasi-richterlichen, jedoch nur in Ansätzen gerechten, in der Bevölkerung eher verspotteten als gefürchteten Überprüfung der NS-Vergangenheit jedes einzelnen, die zu Geldbußen oder Freispruch, ganz selten auch zu einer Haftstrafe führte.

Es war die hohe Zeit der „Persilscheine", die man sich von Bekannten für ein angeblich lupenreines politisches Vorleben besorgte. Nur wenige hatten den Mut zu bekennen, daß sie, wenn auch irregeleitete, so doch überzeugte Nationalsozialisten waren. Von den in Karlsruhe eingesetzten Spruchkammern waren rund 100 000 Entnazifizierungsfälle zu behandeln. Etwa 50 000 Personen wurden als sogenannte „Mitläufer" eingestuft, 300 als „Minderbelastete", 140 als „Belastete" und nur 30 als „Hauptschuldige". Die übrigen galten als „nicht betroffen".

Eine völlig andere Möglichkeit des Versuchs, sich der NS-Vergangenheit zu stellen, bestand in der Hilfe für die aus Konzentrationslagern und Verstecken zurückgekehrten politisch und rassisch verfolgten Mitbürger. Für sie wurde im Rathaus eine eigene Beratungsstelle eingerichtet. Die Opfer der Verfolgung erhielten neben anderen Vergünstigungen doppelte Lebensmittelkarten. Die hierfür verfaßten Karlsruher „Richtlinien" wurden ihrer humanitären Wirksamkeit wegen bald auch von anderen Städten übernommen.

Im September 1946, lange bevor an geplantes Bauen gedacht werden konnte, veröffentlichte die Stadt eine Grundsatzerklärung, in der sie sich zum Wiederaufbau der historischen Achse zwischen Schloß und Ettlinger Tor verpflichtete. Die damals beabsichtigte stilistische Regeneration der „via triumphalis" südwärts des Marktplatzes mißlang jedoch weitgehend. Als dann später auch noch von Weinbrenners wertvollstem Bauwerk, dem Markgräflichen Palais, nur ein Fragment übrigblieb, wurde das Ergebnis von der Presse als „via miserabilis" bezeichnet. Eine glückliche Hand hatten die Stadtplaner andererseits mit dem den Straßenraum weitenden Bebauungsplan für die Kaiserstraße, mit der totalen Grundstücksneuordnung in der Mühlburger Rheinstraße als Basis für die Entwicklung eines lebendigen Stadtteilzentrums und mit dem Bebauungsverbot in einer breiten Schneise quer durch die zerbombte Südstadt, woraus später ein urbaner Grünzug entstand.

In gemeinsamer Arbeit von Polizeibeamten und Angestellten des Verlags G. Braun, die Straße um Straße, Haus um Haus aufsuchten, war schon um die Jahreswende 1945/46 eine neue Einwohnerkartei entstanden. Das sich hierauf stützende, im März 1946 erschienene erste Nachkriegs-Adreßbuch verglich Oberbürgermeister Veit in einem Geleitwort mit dem „ersten Appell einer angeschlagenen Kompagnie nach der Schlacht. Vergeblich suchen wir viele vertraute Namen. Der Krieg hat sie ausgestrichen".

Ebenfalls im März 1946 waren als erste Zeitung nach dem Krieg die von der US-Militärregierung lizenzierten „Badischen Neuesten Nachrichten" erschienen. Ein Jahr später folgte die „Süddeutsche Allgemeine Zeitung", die allerdings Ende 1949 aus wirtschaftlichen Gründen ihr Erscheinen einstellen mußte. Nach Aufhebung der Lizenzpflicht durch die Militärregierung erschienen dann als weitere Karlsruher Zeitungen die katholische „Badische Volkszeitung", in Kollegenkreisen die „Schwarz' Kattel" genannt, ferner die „rote" „AZ" sowie das wiedergegründete „Durlacher Tageblatt". Überdauert haben nur die „BNN". Alle anderen Blätter mußten nach einer Lebenszeit zwischen 15 und 20 Jahren die Segel streichen.

Vorübergehender Besserung der Lebensmittelversorgung folgten im Jahr 1947 drastische Einschränkungen. Es gab Protestresolutionen der Gewerkschaften und Demonstrationen, auch gegen die Besatzungsmacht. Dies ausgerechnet zu einer Zeit, als die kontingentierte Zuteilung von Lebensmitteln ein kurioses „Jubiläum" feiern konnte. Es war im April 1947, als, in Fortschreibung seit Kriegsbeginn, die 100. „Zuteilungsperiode" verkündet wurde. Mit der zur Stromeinsparung im Mai angeordneten doppelten Sommerzeit und einer Zeitverschiebung um zwei Stunden ging die Militärregierung offenkundig zu weit. Alle biologischen Uhren sträubten sich gegen die diktatorische Manipulation mit dem Uhrzeiger, so daß die absonderliche Regelung schon einen Monat später wieder zurückgenommen werden mußte.

Vor allem in Zeiten geringerer Lebensmittelzuteilungen zogen Scharen von Karlsruhern aufs Land, um ein paar Kartoffeln oder etwas Gemüse zu erbetteln. Jetzt erst recht blühte der Schwarzhandel mit der Ami-Zigarette als verläßlichster Währungseinheit. Eine kleine Minderheit, die es verstand, sich auf diesem schlüpfrigen Feld zu bewegen, lebte damals in Saus und Braus.

Der brave Karlsruher Normalbürger freute sich, als im Frühjahr 1947, zwei Jahre nach Kriegsende, der von Bomben schwer getroffene Stadtgarten wieder geöffnet werden konnte. Als dann im Juli des gleichen Jahres erstmals wieder eine Straßenbahn durch die Kaiserstraße fuhr, waren die Karlsruher richtig glücklich. Zu den kleinen Freuden des kleinen Mannes gehörte auch, daß man im „Pali" Heinz Rühmann, im „Gloria" Heinz Erhard, im „Resi" Hans Albers sehen konnte.

Dann aber, am 22. Juni 1948, kam die zunächst alle arm und gleich machende, jene, die Güter gehortet hatten, schnell bereichernde Währungsreform. Die Karlsruher staunten nicht schlecht, was da plötzlich alles in den Schaufenstern auftauchte. Die Verärgerung war groß, aber die nunmehr harte D-Mark hatte eine versöhnende, zudem aufwärtsdrängende Kraft. Baustellen wuchsen wie Pilze aus dem Boden und jedermann spürte: mit der Währungsreform hatte die entscheidende Etappe der Nachkriegszeit begonnen.

Nie wieder Krieg – dies war die parteiübergreifende Lehre und Losung nach zwölf Jahren NS-Diktatur und fünfeinhalb Jahren Krieg.

Den Frieden schützten in dem bald beginnenden „Kalten Krieg" die Amerikaner – auch dank ihrer Waffen . . .

Ein Bild, an das man sich bald gewöhnte: Amerikaner samt Amerikanerin in Karlsruhe.

Gepäckkontrolle durch einen französischen Poilu an der Zonengrenze bei Maximiliansau.

Liebe, Zuversicht und Hoffnung.

Wo wohnen nur die Menschen, die hier die Wäsche trocknen?

Der „Türmer" und seine Tabakstauden:
Auf dem Rathausturm, gegenüber der ausgebrannten Evangelischen Stadtkirche, hatte ein städtischer Bediensteter seine Wohnung.

Der Wind trocknet die „Ernte“: Tabak war in den Nachkriegsjahren ein begehrtes Gut.

Flüchtlinge aus deutschen Siedlungen im Südosten sind eingetroffen.

Straßenmusikanten im Jahr 1946. Wie sich der kriegsverletzte Akkordeonspieler zu helfen weiß, ist ebenso bemerkenswert wie das selbstgebastelte Instrument eines „Gitarre-Cellisten".

Die „Kriegsgärten" auf dem Schloßplatz waren auch nach Kriegsende vielbegehrt.

Der Bundespräsident kommt. Der erste Besuch von Theodor Heuß in der zur „Residenz des Rechts" ausersehenen Stadt.

In Erwartung des Wiederaufbaus: In der Ruine der katholischen Stadtkirche St. Stephan.

Der Schutt ist weitgehend beseitigt, zurückgeblieben sind Ruinen:
Blick von der Kreuzung Kaiser-/Ritterstraße zur Stephanskirche.

Die Ausgabe von Essensmarken in der provisorischen Mensa der Technischen Hochschule.

Vom Krieg zurückgekehrt: Szene im Ehrenhof der Technischen Hochschule

Die nach Kriegsende lange anhaltende schlechte Ernährungslage veranlaßte die Stadtverwaltung, in allen Volksschulen eine Schülerspeisung einzuführen.

Die im November 1945 wiedergegründete Karlsruher Notgemeinschaft versorgte mit einer Großküche täglich 2000 hilfsbedürftige ältere Menschen mit einer warmen Mahlzeit.

Zwischen Trümmern war immer noch etwas Brauchbares zu finden.

Anstehen nach Heringen. Wann immer eine Sonderzuteilung aufgerufen war, stauten sich vor den Läden die Menschenschlangen.

GARTEN-SCHIRME
KISSEL
KISSEL
Feinkost
Wild, Fische, Geflügel
Junghans

So bescheiden war der Zugang zur Vorverkaufskasse der „Kurbel".

Vor dem „Gloria" am Rondell:
In den armseligen ersten Nachkriegsjahren war Kinobesuch eine der begehrtesten Abwechslungen.

Kontraste. Szene aus der westlichen Kaiserstraße.

37 551

Greif kann´s nur freuen: Der Wiederaufbau hat begonnen.

HILLER
KNABEN-KLEIDUNG
BANK
PIANOHAUS

Viele der ausgebombten Geschäfte in der Kaiserstraße begannen den Verkauf – wie links das Kaufhaus Schneider – in eingeschossigen Behelfsläden.

Der Schwarzhandel blüht.

Kämme, Haarspangen, Dosendeckel: Straßenhandel vor der Währungsreform.

Schuhe ohne Bezugsschein: Die Währungsreform mit der Depot-öffnenden Wirkung der harten D-Mark hat es möglich gemacht.

An Verkaufstischen an der Straße entdeckten Ausgebombte und Flüchtlinge manches Brauchbare.

Sehnsüchtige Blicke. Außer auf dem Schwarzmarkt oder mit Kompensationsware war ein so kostbares Stück jahrelang nicht zu erwerben.

Zwei Weltkriege und große Notzeiten erlebt: Vielen alten Menschen blieb nach 1945 nichts als die Resignation. Hoffen durfte dagegen die Jugend.